너랑 나랑 웃겨서 배꼽 빠지는 저학년 관용어

글 **보배**

누군가에게 꼭 필요하고,
가치가 있는 책을 만들고 싶은 사람입니다.
아이들이 행복하고, 즐거움이 가득할 수 있는
이야기를 써 내려가고 싶습니다.

그림 **송영훈**

낙서가 취미였고, 그래서 자연스럽게 그림을
전공하게 되었습니다. 동국대학교 미술학부를 졸업하고
2008년부터 교과서와 학습지 등에 일러스트를
그려 왔습니다.
그린 책으로는 《그림으로 보는 시대를 이끈 인물들》,
《그림으로 보는 삼국사기 2》,《그림으로 보는 성경 1》,
《그림으로 보는 로마 이야기》 등이 있습니다.

1판 1쇄 2025년 3월 24일

글 보배 **그림** 송영훈
펴낸곳 도서출판 키움 **펴낸이** 김준성
편집 강정현, 김보라 **디자인** 한지희, 이지영
마케팅 최근삼 **온라인 마케팅** 임수정
경영지원 권영미, 김연순 **관리** 최진욱, 남진우, 김태봉
주소 경기도 파주시 회동길 325-16 **등록** 2003.6.10(제18-144호)
전화 02-887-3271,2 **팩스** 031-941-3273 **홈페이지** www.kwbook.com
ISBN 978-89-6274-614-3(77710)

ⓒ 2025 도서출판 키움
이 책에 실린 모든 글과 그림을 저작권자의 허락 없이 무단으로 복제, 복사, 배포하는 것은
저작권자의 권리를 침해하는 것입니다.
※ 잘못된 상품은 구매하신 곳에서 교환하실 수 있습니다.

목차

- 간이 떨어지다. p10
- 간에 기별도 안가다. p12
- 귀가 얇다. p14
- 귀를 기울이다. p16
- 귀에 못이 박히다. p18
- 귓등으로도 안 듣는다. p20
- 깨가 쏟아지다. p22
- 생각해 보기

- 말꼬리를 물고 늘어지다. p58
- 머리 꼭대기에 앉다. p60
- 머리를 맞대다. p62
- 머리를 식히다. p64
- 몸에 힘을 주다. p66
- 목이 빠지게 기다리다. p68
- 밑도 끝도 없다. p70
- 생각해 보기

- 나사가 풀리다. p26
- 날개가 돋치다. p28
- 눈 하나 깜짝 안 하다. p30
- 눈앞이 캄캄하다. p32
- 눈에 넣어도 아프지 않다. p34
- 눈을 붙이다. p36
- 눈이 높다. p38
- 생각해 보기

- 바가지를 쓰다. p74
- 발 벗고 나서다. p76
- 발이 넓다. p78
- 밤낮을 가리지 않다. p80
- 배꼽이 빠지다. p82
- 불 보듯 뻔하다. p84
- 생각해 보기

- 다리를 놓다. p42
- 도마 위에 오르다. p44
- 두 손 두 발 들다. p46
- 두말하면 잔소리 p48
- 뒤통수를 맞다. p50
- 등골이 서늘하다. p52
- 뜬구름 잡다. p54
- 생각해 보기

- 색안경을 쓰다. p88
- 손가락 안에 꼽히다. p90
- 손발이 맞다. p92
- 손을 뻗치다. p94
- 손이 맵다. p96
- 손이 크다. p98
- 시치미를 떼다. p100
- 생각해 보기

- 찬물을 끼얹다. p136
- 찬밥 더운밥 가리다. p138
- 초를 치다. p140
- 코가 높다. p142
- 코웃음을 치다. p144
- 토를 달다. p146
- 트집을 잡다. p148
- 생각해 보기

- 어깨가 무겁다. p104
- 얼굴에 씌어 있다. p106
- 엉덩이를 붙이다. p108
- 엎지른 물 p110
- 오지랖이 넓다. p112
- 입을 모으다. p114
- 입이 귀밑까지 찢어지다. p116
- 생각해 보기

- 파김치가 되다. p152
- 파리를 날리다. p154
- 팔을 걷어붙이다. p156
- 하늘이 노랗다. p158
- 해가 서쪽에서 뜨다. p160
- 허리띠를 졸라매다. p162
- 호박씨를 까다. p164
- 생각해 보기

- 장단이 맞다. p120
- 재를 뿌리다. p122
- 종이 한 장 차이 p124
- 죽이 되든 밥이 되든 p126
- 줄행랑을 놓다. p128
- 쥐구멍을 찾다. p130
- 쥐도 새도 모르게 p132
- 생각해 보기

처음이여도 어렵지 않아!

활용 방법

❶ 관용어의 뜻을 읽고

반대어도 찾아봐!

❷ 그림으로 더 쉽게 이해하기!

❸ 다양한 방법으로 복습하기!

복습하고 가야지~

ㄱ으로 시작하는 관용어

깨가 쏟아지다.

간이 떨어지다.

깜~짝 놀랐다는 뜻이야. 사람이 너무 깜짝 놀라면 무언가 쿵 떨어진 것 같은 느낌을 받잖아? 그 느낌이 마치 우리 몸에서 가장 큰 장기인 간이 떨어진 것 같다며 쓰는 말이지.

예) 갑자기 귀신이 튀어나와 간 떨어질 뻔했다.
비) 간담이 떨어지다 : 몹시 놀라다.

간이다!

간에 기별도 안 가다.

기별이라는 말이 좀 어렵지? 기별은 '다른 곳에 있는 이에게 소식을 전함'이라는 뜻이거든? 간에 소식조차 안 갈 정도로 적게 먹었다는 뜻이야. 아니, 얼마나 적게 먹어야 간이 모를 수 있는 거야?

예) 배가 너무 고파서 밥 한 공기로는 간에 기별도 안 간다.
비) 간에 차지 않다 : 먹은 것이 너무 적어 먹으나 마나 하다.

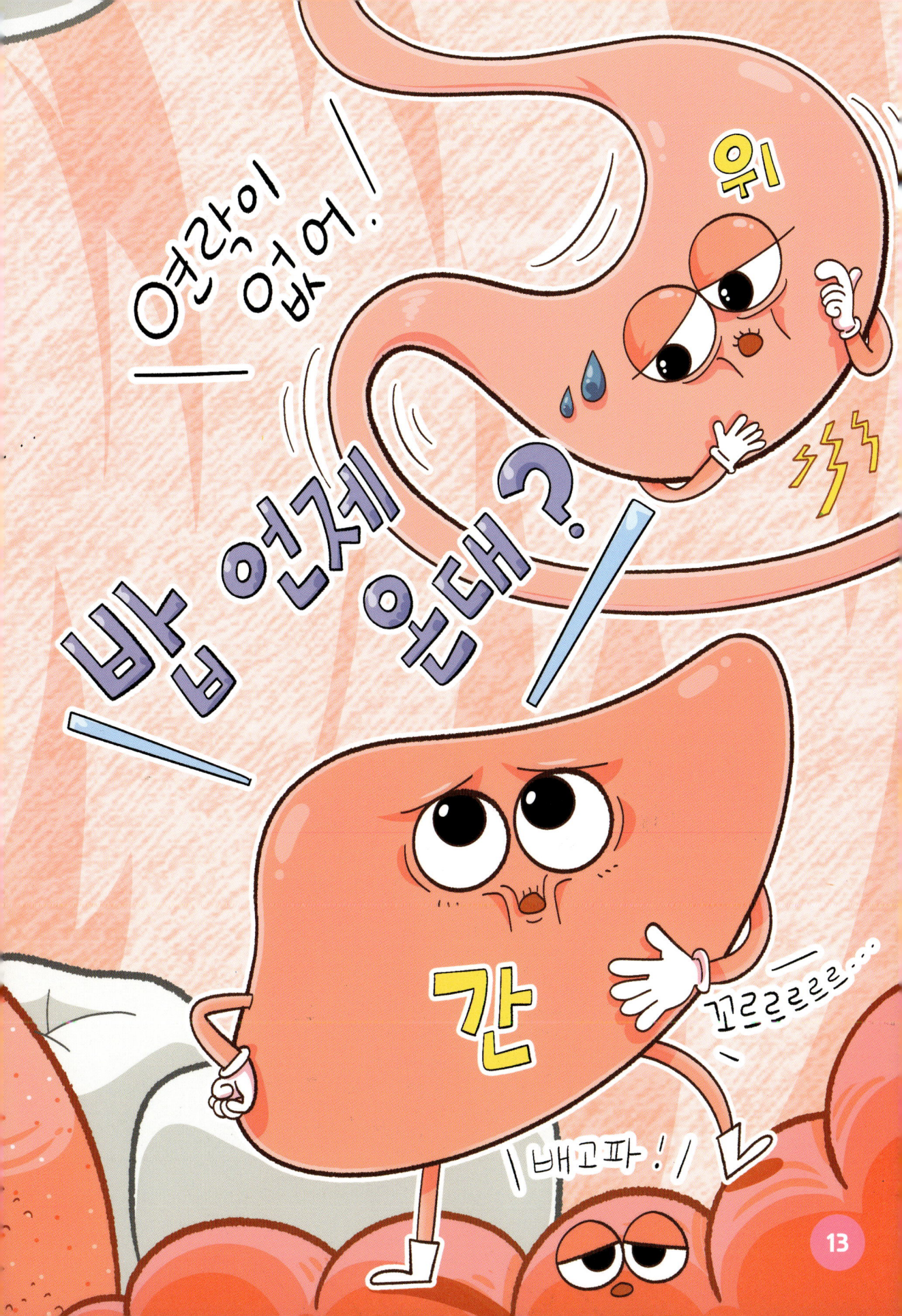

ㄱ
귀가 얇다.

한번 마음을 정해 놓고도 다른 사람이 뭐라고 하면 또 이럴까 저럴까 고민하는 사람 있지? 마치 귀가 얇아서 어떤 소리도 쉽게 받아들이는 것처럼 말이야. 그런 사람을 두고 하는 말이야. 이런 사람을 어렵게 "참 주관이 없네!"라고도 얘기해.

예) 철이는 귀가 얇아서 좋다고 하는 것은 모두 산다.

귀를 기울이다.

다른 사람 말을 좀 더 잘 들으려면 어떻게 해? 귀를 말하는 사람 쪽으로 기울이지?
상대방의 말을 관심 있게 듣는다는 의미야.

예) 지진 발생 시 주의 사항을 귀 기울여 들었다.

비) 귀를 재다 : 남의 이야기나 의견에 관심을 가지고 주의를 모으다.

귀에 못이 박히다.

여기서 '못'은 물건에 땅땅 박는 뾰족한 못이 아니야. 손바닥이나 발바닥에 생기는 굳은살도 '못'이라고 해. 굳은살은 보통 같은 곳을 여러 번 자극했을 때 생기거든? 귀에 굳은살이 생길 정도로 같은 말을 계속 들었을 때 "아이고, 귀에 못이 박히겠네!" 처럼 쓰는 말이야.

예) 공부하라는 말을 귀에 못이 박히도록 들었다.

비) 귀에 딱지가 앉다 : 같은 말을 여러 번 듣다.

귓등으로도 안 듣는다.

귓등이 어디 있는지 알아? 귓바퀴의 바깥 부분이야. 소리는 귓속으로 들어와야 우리 뇌가 인식하는 거잖아? 그런데 귀의 가장 바깥 부분으로도 안 듣는다는 건 뭐겠어? 남의 말을 듣는 둥 마는 둥 한다는 거지. 왜? 듣기 싫으니까!

예) 청소하라는 엄마의 말씀을 귓등으로도 안 듣는다.

비) 귓등으로 듣다 : 듣고도 들은 체 만 체하다.

★ㄱ
깨가 쏟아지다.

깨는 살짝만 건드려도 우수수 떨어져. 농사짓는 사람이라면 신나고 재미있겠지?
그래서 아기자기하고 재미난다고 표현할 때 써. 주로 사이좋은 사람들이나
신혼부부의 모습을 보고 "아이고, 깨가 쏟아지네!" 하면서 말이지.
예) 저 부부는 아직도 깨가 쏟아진다.

★ 생각해 보기

관용어를 보고 알맞은 뜻을 찾아 선으로 이어 보세요.

간에 기별도 안 가다. ★　　★ 상대방의 말을 관심 있게 듣는다.

귀를 기울이다. ★　　★ 남의 말을 듣는 둥 마는 둥 한다.

귓등으로도 안 듣는다. ★　　★ 아기자기하고 재밌다.

깨가 쏟아지다. ★　　★ 적게 먹었다.

★ㄴ
나사가 풀리다.

물건을 고정할 때 나사를 조이잖아? 그런데 나사가 풀리면 어떻게 되겠어? 물건이 이리저리 흔들리지? 이것처럼, 정신이나 긴장이 풀려서 마음이 느슨해졌을 때 쓰는 말이야.

예) 친구와 재미있게 웃다 보니 나사가 풀리는 것 같았다.

비) 나사가 빠지다 : 정신이 없다.

반) **나사를 죄다.**
해이해진 마음을 가다듬고 정신을 다잡다.

날개가 돋치다.

날개 돋친 새를 보면 어때? 거침없이 빠르게 날아가지?
이 느낌을 표현하고 싶을 때 쓰는 말이야. 물건이 빨리 팔려 나가거나,
누군가 기세가 치솟거나, 소문이 빨리 퍼져 나갈 때처럼.
예) **장난감이 얼마나 인기가 많은지 날개가 돋친 듯 팔려 나갔다.**

★ ㄴ

눈 하나 깜짝 안 하다.

갑자기 뭔가 툭 튀어나오거나 깜짝 놀라면 우리는 저도 모르게 눈을 질끈 감아. 놀라는 일이 있는데 눈 하나 깜짝 안 한다? 무슨 뜻일 것 같아? 그만큼 태연하고 침착하다는 뜻이겠지? 어떤 일이 생겨도 아무렇지 않은 태도를 말할 때 써.

예) 철이는 귀신이 튀어나와도 눈 하나 깜짝 안 한다.

비) 눈썹도 까딱하지 않다 : 아주 태연하다.

눈앞이 캄캄하다.

사람이 어려운 문제를 부딪쳤을 때 해결 방법이 떠오르지 않으면 막막하다고 느껴. 아무 생각도 안 나지. 그럴 때 쓰는 말이야.

예) 배가 아파서 화장실을 찾는데, 화장실이 나오지 않아 눈앞이 캄캄해졌다.

비) 눈앞이 새까맣다 : 눈앞이 캄캄하다를 강조하는 말

★ ㄴ

눈에 넣어도 아프지 않다.

우리 눈은 티끌만 한 먼지는 물론, 아무리 값비싼 금가루가 들어와도 따끔거려.
이런 눈에 넣어도 아프지 않다는 건 도대체 얼마나 귀하다는 거겠어?
너무 사랑해서 소중한 것에 쓰는 말이야.

예) **우리 강아지는 눈에 넣어도 아프지 않을 가족이다.**

엄살은…

앗! 눈 따가워.

휘이잉

눈을 붙이다.

이건 말 그대로야. 위 눈꺼풀과 아래 눈꺼풀을 붙이면 어떻게 돼? 눈이 감기지? 잠을 자거나 잠깐 쉬려고 눈을 감을 때 쓰는 표현이야.

예) 잠깐 눈을 붙이니, 졸린 게 사라졌다.

눈이 높다.

여기서 '눈'은 사물을 보고 판단하는 힘을 말해. 좋은 것을 보는 안목이 있다고 칭찬할 때도 쓰이지만, 분수에 맞지 않게 좋은 것만 찾으려는 모습을 말할 때 쓰기도 해.

예) 아빠는 눈이 높아서 물건을 잘 고른다.

비) 입이 높다 : 보통 음식으로 만족하지 않고, 맛있고 좋은 음식만을 바라는 버릇이 있다.

★ 생각해 보기

그림과 뜻을 보고 알맞은 관용어에 동그라미 하세요.

정신이나 긴장이 풀려 마음이 느슨해진다.

나사가 풀리다.

간이 떨어지다.

물건이 빠른 속도로 팔려 나가다.

눈이 높다.

날개가 돋치다.

어려운 상황에서 해결할 방법이 보이지 않는다.

눈앞이 깜깜하다.

귀가 얇다.

너무 사랑해서 소중하다.

눈에 넣어도 아프지 않다.

깨가 쏟아지다.

ㄷ으로 시작하는 관용어

뒤통수를 맞다.

 다리를 놓다.

이곳과 저곳을 연결할 때 필요한 게 다리잖아?
두 사람 사이를 이어 줄 때도 다리를 놓는다고 표현해.
예) 엄마, 아빠는 삼촌이 다리를 놓아 줘서 결혼했다.
비) 다리를 잇다 : 끊어진 관계를 다시 맺어 통하게 되다.

도마 위에 오르다.

자, 요리를 한다고 상상해 봐. 도마 위에 올린 재료를 이렇게 저렇게 자르고 다듬어야겠지? 그래서 누군가를 비판하거나 평가할 때 이러쿵저러쿵 많은 말들이 오가는 상황에서 쓰여.

예) 투표가 공정한지 도마 위에 올랐다.

★ㄷ
두 손 두 발 들다.

영화 같은 데서 보면 항복할 때 두 손을 어떻게 해? 번쩍 들고 나오지?
싸우기를 포기하겠다는 뜻이잖아? 두 손은 그렇다고 쳐, 그런데 두 발까지 든다고?
포기한다는 뜻을 강하게 표현할 때 쓰는 말인 거야. 이 관용어는 두 손을 드는 상황을
강조할 때도 쓰여. 예를 들면, 누군가를 엄청나게 환영한다거나 어떤 의견에
강하게 찬성할 때처럼.

예) 너의 고집에 두 손 두 발 들었다.
비) 두 손 들다 : 자기 능력에서 벗어나 그만두다.

★ㄷ
두말하면 잔소리

'두말'은 이렇게 말했다가 또 저렇게 말하는 거야. 두말하는 것은 잔소리하는 것과 마찬가지라는 말은 이미 한 말이 틀림없으니 다시 말할 필요가 없다는 뜻이지. "네가 예쁜 건 두말하면 잔소리야." 이런 식으로 말이야.

예) 그 만화가 재밌냐는 것은 두말하면 잔소리다.

★ㄷ
뒤통수를 맞다.

사람은 눈이 있어서 돌발 상황에 대응할 수 있어. 하지만 뒤에서 일어나는 일은 미리 판단하기 어렵지. 그런데 뒤통수를 맞았다? 내가 모르는 틈을 타서 누군가 날 때렸다는 거잖아? 그건 배신이지! 그래서 아무 준비 없이 남에게 배신당했을 때 쓰는 말이야.

예) 저 사람은 친구에게 뒤통수를 맞아 모든 것을 잃었다.

비) 뒤통수를 때리다 : 믿음과 의리를 저버리다.

등골이 서늘하다.

자, 등골이 뭐냐! 등골은 척추뼈를 말해. 무서운 이야기를 듣는다거나, 충격적인 이야기를 들으면 갑자기 오싹하고 등이 움츠러들 때가 있지? 이럴 때 쓰는 말이야.

예) 엄마를 보고 등골이 서늘해졌다.

비) 등골이 오싹하다 : 등골에 소름이 끼칠 정도로 매우 놀라거나 두렵다.

★ㄷ
뜬구름 잡다.

뜬구름은 말 그대로 떠 있는 구름이야. 구름을 잡는다고 생각해 봐.
솜사탕처럼 몽실몽실한 게 만져질 것 같겠지만, 아니야. 구름은 하늘에 떠다니는 물방울이기 때문에, 잡히는 게 없어. 게다가 하늘을 나는 건 생각도 못 해 본 옛날 사람들이 구름 잡는다는 얘길 들으면 뭐라고 했겠어? 말도 안 된다며 콧방귀 뀌지 않았을까?
그래서 이룰 수 없을 것 같은 꿈을 꾸는 사람한테 이렇게 얘기했지.
"거, 뜬구름 잡지 말게나!"

예) 말도 안 되는 뜬구름 잡는 소리를 한다.

비) 구름을 잡다 : 막연하거나 허황한 것을 좇다.

★ 생각해 보기

관용어의 틀린 부분을 찾아 고쳐 써 보세요.

다리를 끊다. → 다리를 놓다.

일이 잘되게 하려고
둘 또는 여럿을 연결하다.

두 팔 두 다리 들다. →

엄청나게 환영하거나 강하게 찬성한다.

엉덩이가 서늘하다. →

갑자기 오싹하고 등이 움츠러든다.

이마를 맞다. →

아무런 준비 없이 남에게 배신당하다.

말꼬리를 물고 늘어지다.

말꼬리는 한마디 말이나 말의 꼬리 부분을 말해. 다음 밑줄 친 말을 잘 봐.
"나 밥 안 먹어." "<u>왜 안 먹는데?</u>" "먹기 싫으니까." "<u>왜 먹기 싫은데?</u>"
"그냥 먹기 싫으니까." "<u>왜 그냥인데?</u>" 이런 식으로 말을 끝내지 않고
상대방이 하는 말에 대답하면서 꼬치꼬치 따지잖아? 이 모습을 표현한 말이야.

예) 자꾸 말꼬리를 물고 늘어져 화가 났다.

머리 꼭대기에 앉다.

머리로는 뭘 해? 생각과 판단을 하지? 그 꼭대기에 있다는 건 판단 능력이 우월하다는 뜻이겠지? 그래서 상대방이 어떻게 행동할지 꿰뚫고 있는 사람이나, 다른 사람을 무시하는 사람을 비꼴 때 이렇게 얘기해. "머리 꼭대기에 앉아 있네!"

예) 엄마는 내 머리 꼭대기에 앉아 있어, 무엇을 할지 다 알고 있다.

머리를 맞대다.

앞에서 머리는 생각과 판단을 한다고 말했어. 그 머리를 맞댄다는 건 어떤 일을 의논하려고 함께 생각한다는 뜻이야. 우리 사회는 혼자서 살아갈 수 없어. 서로 생각을 나누고 발전시키다 보면 더 나은 판단과 결정을 내릴 수 있지.

예) 머리를 맞대고 정답을 고민했다.

비) 머리를 모으다 : 중요한 이야기를 하기 위하여 서로 가까이 모이다.

머리를 식히다.

기계를 너무 오래 돌리면 열이 발생하는 거 알고 있지? 사람 머리도 마찬가지야.
쉼 없이 생각하고 고민하면 머릿속이 복잡해질 때가 있지. 이럴 때는 머리를 식혀야 해.
흥분되거나 긴장된 마음을 가라앉힌다는 뜻이지.

예) 공부를 하다 밖에 나가서 머리를 식혔다.

목에 힘을 주다.

<벼는 익을수록 고개를 숙인다>는 속담 알아? 벼가 익을수록 고개를 숙이듯 사람도 지혜나 경험이 많아질수록 겸손해진다는 뜻이야. 그런데 목에 힘을 준다? 이건 반대 의미겠지. 목을 뻣뻣하게 세우고 거만한 태도로 남을 보는 모습을 말해. 겸손하지 못하고 말이야.

예) **반장이 되더니 목에 힘을 주고 다닌다.**

목이 빠지게 기다리다.

이 관용어를 보면 미어캣이 생각나. 누가 오나 안 오나 목을 쭉 뽑고 멀리 내다보는 미어캣. 좋아하는 친구가 어서 나타나길 기다리는 우리 모습이 그렇지 않을까?
무언가를 간절히 기다리는 모습을 표현할 때 써.
예) 장난감 택배를 목이 빠지게 기다리고 있다.
비) 눈이 빠지게 기다리다 : 몹시 애타게 오랫동안 기다리다.

목 빠지겠다.

밑도 끝도 없다.

원래 대화라는 건, 내가 이런 말을 하면 상대방은 그 말에 대해 이런저런 생각을 얘기하며 대화해야 서로 티키타카가 잘 맞는다고 하잖아? 그런데 상대방이 주제와 상관없이 불쑥 다른 얘길 꺼내면 뭐라고 답해야 할지 당황스러울 때가 있어. 그럴 때 쓰는 말이야. '밑도 끝도 없이 왜 저 얘기가 나와?' 하면서.

예) 동물을 이야기하다 밑도 끝도 없는 음식 이야기에 당황했다.

여기 농장에 양 한 마리 양…

★ 생각해 보기

관용어의 뜻을 보고 보기에서 알맞은 단어를 골라 관용어를 만들어 보세요.

보기

힘   팔   말꼬리   색안경
끝   발   꼭대기   바가지

① 남이 어떤 말을 했을 때 꼬치꼬치 따지고 들다.

□□□ 를 물고 늘어지다.

② 목을 뻣뻣하게 세우고 거만한 태도로 남을 본다.

목에 □ 을 주다.

③ 주제와 상관없이 다른 말을 불쑥 꺼낸다.

밑도 □ 도 없다.

④ 상대방이 어떻게 생각하고 행동할지 꿰뚫고 있다.

머리 □□□ 에 앉다.

★ㅂ
바가지를 쓰다.

친구와 똑같은 연필을 샀는데 나는 500원, 친구는 1,000원을 주고 샀대. 그럼 내가 친구한테 이렇게 말할 수 있어. "너 바가지 썼네!" 손해 보거나 억울한 일을 당했을 때 쓰는 표현이야.

예) 오백 원에 파는 장난감인데, 바가지를 쓰고 천 원에 사버렸다.

비) 바가지를 씌우다 : 요금이나 물건 값을 실제 가격보다 비싸게 지급하여 억울한 손해를 보게 하다.

★비
발 벗고 나서다.

누군가를 도우려고 적극적으로 나서는 사람에게 하는 말이야. 예로부터 우리나라 사람들은 나라를 위해 뜻 모으는 일에 선뜻 나섰어. 크다면 크고 작다면 작은 땅덩이를 가진 나라지만, 함께 잘 사는 일에 발 벗고 나서는 일만큼은 세계 1등이란다.

예) 축구팀 응원을 위해 발 벗고 나섰다.

비) 팔을 걷어붙이다 : 어떤 일에 뛰어들어 적극적으로 일할 태세를 갖추다.

★ㅂ

발이 넓다.

아는 친구가 많거나 여러 활동을 많이 하는 사람에게 쓰는 말이야. 친구를 자주 만나거나 이런저런 경험을 하려면 발을 움직여야 하니까 생긴 표현이지.

예) 영이는 발이 넓어서 학교에 모르는 사람이 없다.

밤낮을 가리지 않다.

사람은 보통 밤에 자고 낮에 일해. 밤에 일하고 낮에 자는 사람도 있지. 중요한 건 잠을 자는 시간은 일정하게 정해 둔다는 거야. 그런데 밤이든 낮이든 하던 일을 계속하는 사람 있지? 그런 사람을 두고 하는 말이야.

예) 밤낮을 가리지 않고 공부하더니 1등을 했다.

비) 밤낮이 따로 없다 : 어떤 일을 밤낮 구분하지 않고 계속하다.

★ㅂ
배꼽이 빠지다.

너무 웃으면 배 아픈 거 알아? 마치 배꼽이 빠질 것 같은 느낌마저 들지.
웃겨서 깔깔대고 웃는 상황에 쓰는 표현이야.
예) 개그 프로그램을 보고 배꼽 빠지게 웃었다.
비) 배꼽을 빼다 : 몹시 우습다.

★ㅂ
불 보듯 뻔하다.

불은 밝아. 어두운 곳에서도 잘 보이지. 그래서 어떤 일이 어떻게 될지 보지 않아도 알 것 같을 때 불 보듯 뻔하다고 표현해. 지금 네가 이 책을 재미있게 보고 있는 거? 불을 보듯 뻔하지! 하. 하. 하.

예) **비를 맞고 놀아서 감기 걸릴 것이 불 보듯 뻔하다.**

★ 생각해 보기

상황에 알맞은 관용어를 찾아 선으로 이어 보세요.

"축구팀 응원을 위해 ○ ○○ ○○○." *   * 발이 넓다.

"영이는 모르는 사람이 없을 정도로 ○○ ○○." *   * 발 벗고 나서다.

"감기 걸릴 것이 ○ ○○ ○○○." *   * 밤낮 가리지 않다.

"공부하는데 ○○ ○○○ ○○." *   * 불 보듯 뻔하다.

색안경을 쓰다.

투명한 셀로판지로 안경 만들어 봤니? 빨간색으로 만들면 빨간색 세상, 파란색으로 만들면 파란색 세상… 똑같은 세상인데 셀로판지 색깔에 따라 달리 보여. 사람도 마찬가지야. 그 사람의 생각이 어떤 색인지에 따라 세상도 달리 보일 수 있는 거지. 즉 자기 생각에만 치우쳐 대상을 바라볼 때 쓰는 말이야.

예) 색안경을 쓰고 제 멋대로 생각한다.

비) 색안경을 끼고 보다 : 주관이나 선입견에 얽매여서 좋지 않게 보다.

손가락 안에 꼽히다.

우리 손가락은 적어. 그런데 수가 적은 손가락 안에 든다는 건 엄청 대단하고 특별하다는 뜻이겠지? 그래서 어떤 단체나 무리 중에서도 몇 안 되게 특별한 것을 말할 때 쓰는 표현이야.

예) 우리 반에서 달리기로 손가락 안에 꼽히다.

손발이 맞다.

그런 친구 있지? 나랑 좋아하는 운동이나 취미가 똑같은 친구.
그래서 그 친구랑 같이 있으면 생각하는 게 잘 맞아서 뭐든 재미있잖아?
그럴 때 쓰는 말이야. '죽이 잘 맞는다.'라고도 표현해.

예) 우린 죽마고우라 손발이 척척 맞는다.

비) **죽이 맞다** : 서로 뜻이 맞다.

반) **손발이 따로 놀다.**

함께 일하는 데에 마음이나 의견, 행동 방식이 서로 맞지 않다.

손을 뻗치다.

너희는 아직 어려. 얼마든 이것저것 해 볼 수 있지. 자기가 뭘 좋아하는지는 해 보지 않고는 발견할 수 없으니까. '손을 뻗치다.'는 말은 지금까지 하지 않았던 일에 관심을 가지고 활동 범위를 넓히거나 적극적인 도움을 준다는 뜻이야.

예) 도움이 필요한 친구들에게 손을 뻗쳤다.

비) 손을 내밀다 : 도움, 간섭의 행위가 어떤 곳에 미치게 하다.

손이 맵다.

매운 건 미각이 아니라 통각이라는 말 들어 봤어? 아프거나 따가운 고통이라는 거지.
손이 맵다는 건 슬며시 때려도 아프다는 뜻이야.

예) 손이 작은데 아주 맵다.
비) 손끝이 맵다 : 손으로 슬쩍 때려도 몹시 아프다.

손이 크다.

손이 크면 뭘 집어도 덥석덥석 많이 집지 않겠어?
그래서 씀씀이가 후하고 크다는 것을 표현할 때 쓰는 말이야.
예) 할머니는 손이 크셔서 음식을 엄청 많이 주신다.
비) 손이 걸다 : 씀씀이가 후하고 크다.

반) **손이 작다.**
물건이나 재물의 씀씀이가 깐깐하고 작다.

시치미를 떼다.

고려 시대 때는 매를 이용한 사냥이 유행했어. 생각해 봐.
야생에 살아야 했을 매를 사냥에 활용하려면, 매를 훈련하느라 얼마나 공을 들였겠어?
매의 주인들은 매를 잃어버리지 않으려고 매의 꽁지나 다리에다
자기가 주인이라는 걸 표시한 '시치미'를 매었대.
그런데 몰래 매를 잡아다가 시치미를 떼고 자기 매인 양
행동하는 사람들이 있는 거야. 뻔뻔하게 말이지.
그래서 자기가 그래 놓고 아닌 척, 알면서도 모르는
척하는 사람을 보고 시치미를 뗀다고 표현한단다.
예) 내 연필을 가져가 놓고 아닌 척 시치미를 뗀다.

★ 생각해 보기

그림과 어울리는 관용어를 보기에서 찾아 번호를 써 보세요.

보기
① 손이 크다.   ② 손발이 맞다.
③ 손이 맵다.   ④ 시치미를 떼다.

③

어깨가 무겁다.

갑자기 혼자 동생을 돌봐야 한다거나, 발표하게 되면 기분이 어때?
잘할 수 있을까, 잘해야 하는데 하면서 마음이 무겁고 부담스러울 때 있지?
이럴 때 사용하는 말이야.

예) 축구팀의 주장이 되니 어깨가 무겁다.

비) 어깨를 짓누르다 : 의무나 책임, 제약 따위가 중압감을 주다.

반) **어깨가 가볍다.**

무거운 책임에서 벗어나거나 그 책임을 덜어 마음이 홀가분하다.

얼굴에 씌어 있다.

사람의 얼굴은 신기해. 동물들보다 훨씬 다양한 감정을 나타낼 수 있거든.
기쁨, 분노, 어색함, 부끄러움, 호기심 등등. 말이나 행동으로 표현하지 않아도
표정으로 그 사람의 기분을 알 수 있다는 표현이야.
예) 화가 났다는 게 얼굴에 씌어 있다.

엉덩이를 붙이다.

엉덩이를 어딘가에 붙여서 자리 잡고 앉는다는 말이야. 보통 공부할 때나 집중해야 하는 상황에서 자주 쓰여.
예) 시험공부를 하려고 의자에 엉덩이를 붙였다.

엎지른 물

컵에 담긴 물을 바닥에 엎지르고 나서 다시 컵에 담을 수 있을까? 같은 양을 담기는 어렵겠지? 이렇게 처음으로 바로잡거나 되돌릴 수 없을 때 쓰는 말이야.

예) 이미 엎지른 물이라 후회해도 소용이 없다.

오지랖이 넓다.

'오지랖'이 뭐냐! 윗도리에 입는 겉옷의 앞부분을 뜻해. 한복에서 오지랖은 안이 보이지 않을 정도로만 여밀 수 있는 폭이면 충분하지. 그런데 오지랖이 너무 넓다? 다른 옷자락을 불필요하게 많이 덮겠지? 자기 영역도 아닌데 말이야. 그래서 지나치게 남의 일에 참견하는 사람을 보고 "너 참 오지랖이 넓구나?" 하고 쓰는 거야.

예) 철수는 오지랖이 넓어서 반에서 일어나는 모든 일을 참견한다.

입을 모으다.

사전에서 '입'을 찾으면 '얼굴에 있는 소리 내는 기관' 말고도 '사람이 하는 말'이라는 뜻이 있어. 여러 사람이 같은 의견을 말할 때 입을 모은다고 표현해.

예) 저녁에 피자를 먹기로 입을 모았다.

입이 귀밑까지 찢어지다.

거울을 보고 웃어 봐. 입 모양이 어떻게 돼? 양쪽으로 벌어지면서 입꼬리가 위로 올라가지? 더 밝게 웃을수록 옆으로 쭉 길어져. 기쁘거나 즐거워서 입이 크게 벌어질 때 쓰는 말이야.

예) 정말 갖고 싶었던 선물을 받아서 입이 귀밑까지 찢어졌다.

비) 입이 가로 터지다 : 기쁘거나 즐거워 입이 크게 벌어지다.

입이 귀에 걸렸습니다.

외계인이 만족하나 봐.

★ 생각해 보기

그림과 어울리는 관용어를 보기에서 찾아 써 보세요.

보기
입을 모으다. 엎지른 물. 어깨가 무겁다.

→ 어깨가 무겁다.

→ _____

→ _____

장단이 맞다.

'장단'은 춤이나 노래의 박자를 말하는데, 같이 일하는 사람끼리 의견이 박자처럼 딱딱 잘 맞을 때 쓰는 말이야. '손발이 척척 맞다.', '죽이 맞다.' 등과 비슷하지?

예) 철수와 영희는 책을 좋아해서, 책 이야기를 할 때 장단이 잘 맞는다.

비) 손발이 맞다 : 함께 일하는 데에 마음이나 의견, 행동 방식 따위가 서로 맞다.

★ㅈ
재를 뿌리다.

물건이 불에 타고 까맣게 남은 가루를 '재'라고 해. 손으로 만지면 손이 지저분해지지.
만약에 열심히 그린 그림에 재를 뿌리면 어떻게 될까? 그림이 망가지겠지?
그래서 잘되고 있는 일이나, 분위기를 망쳤을 때 쓰는 표현이야.

예) 게임을 하려던 내 계획에 재를 뿌렸다.

비) 산통을 깨다 : 다 잘되어 가던 일을 이루지 못하게 뒤틀다.

오빠 게임 한대요.

앗싸 꿀!

숙제 안 했어요.

종이 한 장 차이

이 책의 종이 한 장 두께가 얼마나 될 것 같아? 자로 재기 어려울 정도로 아주 얇지?

간격이 매우 좁을 때 또는 차이가 몹시 적을 때 쓰는 말이야.

'종이 한 장 차이로 아깝게 졌다.'처럼 쓸 수 있지.

예) 달리기 시합에서 종이 한 장 차이로 2등을 했다.

죽이 되든 밥이 되든

쌀로 밥을 지을 땐 물이 얼마만큼 들어가느냐에 따라 고슬고슬한 밥이 될 수도 있고, 물컹물컹한 죽이 될 수도 있어. 어쨌든 둘 중 하나는 꼭 완성되지. 잘 될 수도 있고, 아닐 수도 있고! 결과와 상관없이 한번 도전해 보자고 할 때 쓰는 말이야.

예) 죽이 되든 밥이 되든 장기자랑 무대에 올라갔다.

줄행랑을 놓다.

낌새를 알아채고 도망친다는 뜻이야. '줄행랑'은 옛날 양반집의 대문 양옆으로 길게 늘어선 하인들의 방이거든? 권력이 바뀌거나 집안이 망하면 양반들이 이런 집을 놓고 도망친다는 데서 유래했어.

예) 소리가 나자 줄행랑을 놓았다.

쥐구멍을 찾다.

사전에서 '쥐구멍'을 찾아보면 쥐가 들락날락하는 구멍이라는 뜻 말고도, 몸을 숨길 수 있는 작은 장소라는 뜻도 있어. 너무 부끄럽거나 창피한 일이 생기면 얼굴을 가리고 숨고 싶은 마음이 들지? 이런 상황을 표현한 말이야.

예) 방귀가 크게 나와서 쥐구멍을 찾고 싶은 기분이었다.

쥐도 새도 모르게

새는 낮에 움직이고, 쥐는 사람들이 모두 잠든 밤에 움직이지?
낮에는 새가, 밤에는 쥐가 활동하는데, 이 둘이 모른다는 것은?
아무도 모른다는 거지. 그래서 '아무도 모르게'라는 뜻으로 쓰여.
예) 바닥에 흘린 것을 쥐도 새도 모르게 치웠다.

치즈가 어디로 갔지?

★ 생각해 보기

보기의 글자를 조합해 관용어를 완성해 보세요.

보기

| 장 | 이 | 재 | 종 | 단 | 국 |
| 쥐 | 줄 | 새 | 랑 | 행 | 별 |

❶ ☐ ☐ 이 맞다.

▶ 같이 일하는 사람끼리 의견이 잘 맞다.

❷ ☐ 를 뿌리다.

▶ 잘되고 있는 일이나 분위기를 망치다.

❸ ☐ ☐ 한 장 차이

▶ 간격이 매우 좁거나 차이가 몹시 적다.

❹ ☐ ☐ ☐ 을 놓다.

▶ 낌새를 알아채고 도망친다.

찬물을 끼얹다.

친구들과 멋진 노래와 춤을 준비해서 장기자랑 무대에 올라갔어. 열심히 노래를 부르고 춤을 추고 있는데, 갑자기 노래가 뚝 끊기면 어떻게 될까? 흥겨웠던 분위기가 한순간 착 가라앉겠지? 잘되고 있는 상황에서 갑자기 분위기를 흐리거나 훼방을 놓을 때 쓰는 표현이야.

예) 밖에 나갈 준비를 다 했는데 갑자기 영희가 나타나 찬물을 끼얹었다.

비) 초를 치다 : 한창 잘되고 있거나 잘되려는 일에 방해를 놓아서 일이 잘못되거나 시들해지도록 만들다.

찬밥 더운밥 가리다.

지금 너무너무 배고프다고 생각해 봐. 한 3일을 굶었다고 쳐 보라고. 그런데 마침 친구가 차가운 주먹밥을 하나 주는 거야. 그럼 넌 먹을 거야, 안 먹을 거야? 차갑다고 안 먹는다고? 그럴 때 널 보고 이렇게 말하는 거야. "지금 찬밥 더운밥 가릴 때니?" 어려운 상황에 있으면서 이것저것 따지는 것을 보고 쓰는 말이지.

예) **지금은 찬밥 더운밥을 가릴 상태가 아니다.**

초를 치다.

초는 식초를 얘기해. 식초 먹어 본 적 있어? 엄청 신맛이 나지. 그래서 음식에 너무 많이 들어가면 요리를 망칠 수 있어. 이렇게 한창 잘되고 있는 일에 방해를 놓아서 일이 잘못되었을 때 쓰는 말이야.

예) 깜짝 선물을 밝혀서 초를 쳤다.

비) 찬물을 끼얹다 : 잘되고 있는 일에 뛰어들어 분위기를 흐리거나 트집을 잡아 훼방 놓는다.

★ㅋ
코가 높다.

사람 얼굴에서 가장 앞으로 튀어나온 부분은 코야. 높이 솟은 코처럼 사람이 자기 자신을 더 높게 평가할 때 쓰는 말이지. 보통 잘난체하고 뽐내는 사람한테 "코가 높군?" 하고 표현해.

예) 성적 1등을 해서 코가 높아졌다.

비) 콧대가 높다 : 잘난 체하고 뽐내는 태도가 있다.

코웃음을 치다.

사람은 보통 입으로 소리를 내잖아? 그런데 코가 웃으면 어떤 소리가 날 것 같아? 누구든 '흥' 소리만 나지 않겠어? 다른 사람을 비웃거나 무시하는 사람의 모습을 나타낼 때 쓰는 표현이야.

예) 귀신을 봤다는 말을 듣고 코웃음을 쳤다.

비) 콧방귀를 뀌다 : 아니꼽거나 못마땅하여 남의 말을 들은 체 만 체 말대꾸를 안 하다.

★ㅌ
토를 달다.

'토'는 한문의 구절 끝에 붙여 읽는 우리말 부분이야. 예를 들어 "知者(지자)는 樂水(요수)하고 仁者(인자)는 樂山(요산)이라(지혜로운 사람은 물을 좋아하고, 어진 사람은 산을 좋아한다)."라는 한문 구절을 보면, '~는', '~하고', '~이라' 등의 우리말은 한문 구절의 뜻을 읽기 쉽게 하려고 덧붙인 말이거든? 이게 '토'야. 그래서 말이 끝나면 그 말에 계속 덧붙여 말하는 것을 '토를 단다'라고 표현해. 보통 불필요한 대답을 하거나 말대꾸하는 상황에서 많이 쓰여.

예) 말끝마다 토를 단다.

★ㅌ
트집을 잡다.

먼 옛날 선비들이 쓰던 갓은 얇고 구멍이 나기가 쉬웠어. 이런 구멍을 '트집'이라고 하는데, 갓에 트집이 생기면 어떻게 하겠어? 수선을 맡겨야 하잖아? 이때 수선해 주는 사람들이 돈을 많이 받으려고 트집을 더 잡았다고 해. 그래서 없는 흠집을 만들어서 말하거나 문제를 일으킬 때 "트집 잡네!" 하고 표현하는 거야.

예) 내가 하는 것마다 트집을 잡는다.

★ 생각해 보기

비슷한 뜻을 가진 관용어끼리 선으로 이어 보세요.

찬물을 끼얹다.

콧방귀를 뀌다.

콧대가 높다.

코가 높다.

초를 치다.

코웃음을 치다.

ㅍ으로 시작하는 관용어

허리띠를 졸라매다.

파김치가 되다.

게임기 살 거야!

★ㅍ
파김치가 되다.

싱싱한 파는 빳빳해. 그런데 양념을 묻혀 김치를 담그면? 절여져서 힘없이 흐물흐물하지? 그래서 엄청 힘이 넘쳤던 사람이 일하고 지친 모습을 보일 때 "파김치가 됐네!" 하며 쓰는 말이야.

예) 수영장에서 신나게 놀고 파김치가 되었다.

비) 진이 빠지다 : 실망하거나 싫증이 나서 더 이상의 의욕을 잃는다. 또는 힘을 다 써서 기진맥진해지다.

파김치다!

★ㅍ
파리를 날리다.

사람이 많고 장사가 잘되는 가게는 파리가 있는지 없는지 볼 새가 없어.
그런데 사람이 없고 휑한 곳은 파리 날아다니는 게 더 잘 보이지.
이렇게 장사가 잘 안되어 한가한 모습을 보고 쓰는 말이야.
예) 손님이 점점 빠지더니 이제 파리를 날리고 있다.

팔을 걷어붙이다.

친구가 도와달라고 할 때 옷소매를 걷으며 다가가기도 하지? 이렇게 누군가에게 도움을 주거나 일에 뛰어들어 적극적으로 일하려는 모습을 보일 때 쓰는 말이야. '팔소매를 걷다'와 비슷한 뜻으로 쓰이지.

예) 팔을 걷어붙이고 쓰레기 줍기를 함께 했다.

비) 팔소매를 걷다 : 어떤 일에 뛰어들어 적극적으로 일할 태세를 갖추다.

하늘이 노랗다.

사람이 너무 놀라거나 힘들면 몸에 힘이 빠지면서 머리가 핑 돌고 눈앞이 어지러운 느낌을 받아. 이것을 과장하여 표현한 말이야.
예) 더운 날씨에 축구했더니, 하늘이 노랗게 보인다.
비) 하늘이 캄캄하다 : 큰 충격을 받아 정신이 아찔하다.

★ㅎ
해가 서쪽에서 뜨다.

지구는 한 방향으로 돌기 때문에 해가 동쪽에서 뜨고 서쪽으로 지는 것은 절대 변할 수가 없어. 그런데 해가 서쪽에서 뜬다고? 이건 절대로 일어날 수 없는 일이거나, 예상 밖의 일이 벌어졌을 때 쓰는 말이야.

예) 철이가 지각을 안 하다니 해가 서쪽에서 뜰 일이다.

★ㅎ
허리띠를 졸라매다.

허리띠는 바지나 치마의 허리 부분이 클 때 매는 끈이지?
만약 배가 홀쭉하면 허리띠를 더 꽉 매야 해. 이처럼 상황이 좋지 않아 절약하며
생활하거나 배고픔을 참아야 할 때, 단단한 각오로 일을 해야할 때 쓰는 말이야.
예) 좋아하는 게임을 사기 위해 용돈을 아끼고 허리띠를 졸라매었다.

반) **허리띠를 늦추다.**

생활의 여유가 생기다.

★ㅎ
호박씨를 까다.

혹시 주변에 그런 친구 있어? 내 앞에서는 하하 호호 즐겁게 대화했으면서, 다른 친구한테 가서는 내 험담을 늘어놓는 친구! 바로 겉과 속이 다른 친구지. 그런 친구의 행동을 나타낼 때 쓰는 말이야. 호박씨는 겉껍질을 벗겨야 마침내 속의 씨앗을 얻을 수 있거든. 그 모습을 비유적으로 나타낸 거지.

예) 앞에서는 웃고 뒤에서는 호박씨를 깐다.

★ 생각해 보기

관용어의 초성을 보고 알맞은 단어를 써 보세요.

❶ ㅍㄱㅊ가 되다.

☐ ☐ ☐

❷ ㅍㄹ를 날리다.

☐ ☐

❸ ㅎㅂㅆ를 까다.

☐ ☐ ☐

❹ ㅎㄴ이 노랗다.

☐ ☐

❺ ㅍ을 걷어 붙이다.

☐

❻ ㅎㄹㄸ를 졸라매다.

☐ ☐ ☐